「松之助」オーナー・平野顕子の

やってみはったら!

60歳からの
3rd Life《サードライフ》

平野顕子

主婦と生活社

はじめに

料理研究家の仕事を始めて23年が過ぎました。
京都と東京に
アップルパイとアメリカンベーキングの教室と店舗をもち、
オープンから京都本店は21年、
東京・代官山店は18年の月日が流れました。

ふたりの子どもの子育てが一段落した45歳で離婚。
アメリカ留学の後、料理の仕事へと進み、
60歳を過ぎてからは、暮らしの拠点をニューヨークに移しました。
そして、60代後半に2度目の結婚。
現在、日本とニューヨークを行ったり来たりの生活です。

歳を重ねて気づいたのは、
人生は、さまざまな「縁」によって織り成されていることでした。

最初の結婚では、母から「人には添ってみよ」と言われました。
当時は、その言葉の奥にある深い意味まではわからずに
「きっと大事なことなのだなぁ」と思っただけでしたが、
ようやくこの歳になり、その真意が心に響くようになりました。
それは、「縁に添って生きていきなさい」ということ。

結婚の話だけではありません。
出会った人も、出合ったモノもコトも、味わったさまざまな感情ですら、
どんなふうに私を導いてくれるのか、自分では予測がつきません。
だからこそ、縁があったものには
一つひとつ丁寧に向き合っていくことが大事なのですね。

本書のタイトル、「やってみはったら！」は、
縁あるものとの関係を一歩先に進めていくためのエールです。

この言葉は、サントリーの創業者、鳥井信治郎氏の「やってみなはれ。やってみなわからしまへんで」がもとになっています。

あるとき、この言葉に出合って、私は大きな刺激を受けました。

そして、いつの間にか、「やってみはったら！」が私の人生のキャッチフレーズになっていました。


成功も失敗も現象、やってみたからこその結果。

結末にこだわる必要はないのです。

辛い経験でも、何かのメッセージはきっとある。

離婚したことも、決して無駄ではありません。

その経験があったから、次の人生の指針ができました。


どんな縁からも学ぶことはあるのです。

人生とは、縁でつながり、縁によって導かれるもの。
それを心に刻んだうえで、みなさんにお伝えしたい！

やってみはったら！

本書では、私が「やってみはったら！」のエールに励まされながら、
どんなふうに縁を紡いでいったかをお話ししたいと思います。
みなさんが一歩先へ進むための、ヒントや指針になればうれしいです。

平野顕子

Contents

2章

食卓は「健康」と「やすらぎ」を生み出してくれるから

3章

私の「好き」は私を「元気」にしてくれるから

4章 人生を変えた「出会い」は大切にしていきたいから

5章 2度目の結婚がうまくいく理由

1章

日々の暮らしに「小さな幸せ」はちゃんとあるから

歳を重ねるほどに、最初の一歩がきつく、踏み出しにくくなりがちです。でも、一歩進めたら、新しい世界には、小さな幸せや喜びがあふれていることに気づきます。私は「やってみはったら！」の精神で、前進してきました。

変化は楽しんだほうがトク

ニューヨークでも東京でも、朝起きて、まず考えるのは、「さぁ、今日はどんな一日になるかなあ」ということです。取り立てて特別なことをするわけではなくて、一日の楽しみを思って心をワクワクさせる感じ。

モーニングコーヒーを飲んで、身支度と薄化粧をして。買いものや散歩に出かけたり、家で食事をしたり、映画を観たり。たまには遠出して趣味の釣りやスキーを楽しむ。何でもないごく普通のことですが、そこにキラキラとした喜びや豊かさを感じます。

そんなふうに小さな幸せをじっくり味わう生活なんて、60歳を過ぎて再婚するまで、まったく縁がありませんでした。

30代は子育ての真っ最中。「目立たぬように」が嫁ぎ先からの申し渡しだったので、「とにかく地味に」を心がけ、自分の意思で生きるとは程遠い人生でした。40歳を過ぎてからは、テニススクールに通ってみたり、PTA会長を引き受けてみたり、ちょっとだけ表の世界に出ていくようになったかな。ここまでの時代がいわば私の「ファーストライフ」。
45歳で離婚して、心機一転アメリカ留学。Tシャツとジーンズで勉強に没頭する日々でした。「セカンドライフ」のスタートです。留学中は壮絶な孤独の中でじっくり自分と向き合い、人に倣った生き方にgood bye。ひとりで生きていくことを決心し、自分の意思で歩み始めました。おかげで更年期も吹っ飛びました。
日本に戻ってきた50代は、ひたすら前へ前へ。生業《なりわい》にしたお菓子教室のレッスンを休むことなく続けました。ファッションは常にきちんとしているように見える黒と白が基本。

60代前半は夢だったニューヨークのお店を具体化するため、すべての情熱を注ぎました。ベストを尽くしましたが、石の上にも3年というビジネスルールを曲げて、2年で閉店。高いレッスンになってしまいましたわ。

そうして65歳を過ぎた私は、思いもよらぬ縁に恵まれ、なんとまぁ、再婚したんです！　お肌にはシミもシワもたくさんあるけれど、華やいだ色の洋服を着たり、スニーカーを履いたりするのがおもしろくなって、ただいま変化を楽しむ「サードライフ」が進行中です。

なにげない喜びを拾っていこう

人生がシナリオどおりに進まないのは十分すぎるほどわかっていますが、まさか自分が再婚するなんて、番外編もいいところです。だから、相当な覚悟で結婚して、「今度の縁こそはまっとうしよう」と心に誓って。だからといって、しがみつきたくはないんです。そこらへんは柔軟に。

再婚した夫のイーゴとは、ニューヨークのお店をオープンさせるために走り回っていた頃、友人のガーデンパーティで知り合って、「感じのいい人だな」という印象でした。ときどき車でお店の荷物運びを手伝ってくれましたが、感覚としては友だちです。でも、自然に少しずつ縁が深まり、知り合ってから5年近く経った2017年の秋、結婚しました。

ウクライナ系アメリカ人の彼とは、お互いに母国語ではない英語での意思疎通。100%理解できているとは思いませんが、結婚後も新しい発見が山のようにあって、性格の違いもはっきりわかって。煩わしいこともありますが、見方を変えれば、なかなかユニークでおもしろい。

彼は質素倹約を旨とし、スニーカーは900円のワゴンセール品で十分満足。ブランドなんて知りません。30代の頃の話ですが、家具や調度品は好きなものなら道路の廃品でも構わず拾って持ち帰り、自分で整備して使用していたそう。私には考えられません。財布の紐がゆるむのは、唯一、好物のジンとワインを買うときだけです。

私はtwo steps ahead（2歩先を行く）ですが、彼はいつもtwo steps behind（2歩後ろにいる）。旅行の準備を2週間前から始めるのが私で、イーゴは前の日にちゃちゃっと詰めてそれでおしまい。一事が万事このありさまなので、イライラするときもありますが、「爆発する寸前にスーッと距離を取る」のが良策です。

口癖は「share」と「We did it」。「なんでも分け合おう」、何かができたら「私たちでやった」。協力して生活を成り立たせよう、という精神の表れなのかしら。そんなふうに言ってもらうと、私の心は温かいものに包まれてやさしくなることに気づき、また、照れずに言葉や態度に出して伝えることはすごく大事だと知りました。人生には、なにげない喜びがそこかしこにあふれているのですね。それはどんどん見つけて拾っていきたい。

大変でも、好きならかまへん

ニューヨークといっても、私たちの暮らしているクイーンズは、都会のマンハッタンとはまったく別の雰囲気の街。世界で最も多様な民族が暮らすといわれるエリアなので、アパートの住民も多様です。

食事どきになると、ターメリック、クミン、ナツメグなど、各国のスパイスの香りがあちこちから漂ってくる。ネズミも出る。室内に洗濯機を置けないので、1階の共同洗濯場を使います。洗濯できるのは、だいたい2週間に1回の割合。はたからは、大変そうに見えるでしょう。

大変ですけど。でも、本当に自分の好きなことができているから、かまへんの。人生の豊かさは、贅沢な暮らしではないんです。


私が生まれ育ったのは京都です。

武者小路通という古い通り沿いにあった能装束織物の織元の家に生まれ、箱入り娘としてのほほんと生きていました。

ハイカラで自由人だった織元の父は40代で急逝。東京の田園調布で深窓の令嬢として育った母は、42歳という若さで未亡人になってしまいました。まだ20歳ちょっとだった私は、残された母のことを「これから大変なんだろうなぁ」と不憫《ふびん》に思っていました。

当時、アメリカで留学の準備中という身の上だったので、落ち着いたら戻って大学に入るつもりでした。

でも、母から「私を残してまたアメリカに行くの」と言われて。その母を振り切ることはどうしてもできませんでした。早いとこお嫁に行かせることが親の責任だと信じきっている母の存在は、ちょっと重荷だったかな。

3年後、縁談がまとまり、日本海に面した福井の小さな港町に嫁ぎました。「人には添ってみよという言葉があるのだから、まずは結婚して、それから相手のことを知ればいい」と母に忠言されての決心。歯科医だった当時の夫は、医師としては優秀でしたが、かなりワンマン。納得できないことは多々ありました。でも、「これが私の人生だから」ととくに反発することなく、夫や義父母に仕えていました。今から思えば、箱入り娘の延長線上の結婚。それでも、当時の私はこれが結婚だと受け入れていました。

辛くても孤独とはしっかり向き合う

ふたりの子どもが大学生になったとき、離婚を決めました。子どもたちが巣立ったあと、前の夫とふたりだけで生きていくのは難しい、「やっぱり相当しんどいわ」と思ったから。「心身ともに元気でいることのほうが大事やな」とずっと感じていたんです。

じつは私、45歳で離婚するまで、働いたこともなければ、お金の苦労をしたこともなかった。でも、選んだのは、ひとりで生きる人生。わずかな貯金だけで、無計画かつ能天気に新しい人生に飛び込むなんて、今から思うとあきれます。

東京の大学に通う娘のアパートに転がり込んで、「アルバイトでもすればば、なんとかなるでしょう」と悠長に話していたら、娘に「世間知らずもいいとこ。お母さん、バカね」とぴしゃりと言われて、そこで初めて現実に目覚め、青ざめてしまったという次第です。

これから先、いったいどうしようかと考えていたら、すっかり忘れていた、青春時代のアメリカ留学の夢がよみがえってきました。そこからは一切の迷いなし。その縁を手繰り寄せようと、猪突猛進です。「やってみはったら！」と自分にエールを送り、貯金でやり繰りしながら猛勉強して、47歳でニューイングランドのコネチカット州立大学のファインアート学部に入学。入寮し、2年3か月の学生生活が始まりました。

ある日のこと、同じ寮に暮らす25歳の中国人の女子留学生が突然亡くなりました。ひどい腹痛が起きたのでキャンパス内の診療所で診てもらったようですが、英語で状況をしっかり伝えることができなかったのか、「たいしたことはない」と診断され、激痛を我慢して部屋に戻った翌日、友人が訪ねたら瀕死の状態だったそうです。すぐに病院に運ばれましたが、回復せず、そのまま息を引き取りました。

震撼しました。体中がブルブルと身震いして。同じ留学生として、「自分の意思はとことん主張しないといけない。命を落とすことにもなりかねない」。そして、自分の身は自分で守らなきゃ、自分の人生は自分でつくり出さなきゃと、体の真っ芯にビーンと響きました。

同時に、真っ暗な穴に落ちたような、強烈な孤独感にさいなまれました。自分がそんなふうに孤独を感じるとは思ってもいなかったので、正直いってかなり辛かったですわ。でも、この孤独から逃げてはいけない。目をそらさずに向き合わないと先に進めないと強く感じました。

そこで、まず自分を見つめ直すことをやりました。これからどのように生きていきたいのか。どんなときに喜びや悲しみを感じるのか。どんなことを大切だと思っているのか。

誰かほかの人の考え方をなぞるのではなく、埋もれている自分の軸の部分を掘り起こすような、自問自答の作業です。今までにやったことがないので、もがきながら必死にいろいろ考えたものです。

そうして誠実に自分との対話を続けていくと、少しずつ私という人間がわかってきました。自分が見えてきたら、孤独は淋しいことや怖いことではなくなり、自分と向き合うチャンスを与えてくれた糧なのだと思えるようになりました。

孤独に寄り添った経験は、紛れもなく私の人生の一大転機。とても苦しかったけれど、幸せとの縁結びはここから始まったと思っています。

お気に入りのコーヒーショップに立ち寄って、ブレイクタイムを楽しみます。

大好きなスーパーマーケットで新鮮野菜をお買いもの。

やりたいことは心意気がある限り続ける

私の仕事は料理研究家です。京都と東京にアップルパイとアメリカンベーキングの教室と店舗をもち、京都にある本店は21年、東京の代官山店は18年が経ちました。夢中で走り続け、多くの人に助けられながら、もうこんなに長い年月が経ったのですね。

60歳を過ぎて、念願だったニューヨーク・マンハッタン店をオープンしましたが、なかなか利益が出ず、涙をのんで2年で撤退。現在は日本とアメリカをおよそ3か月のスパンで行ったり来たりする生活を送り、日本に帰ってきたら、今でも京都と東京でレッスンを続けています。「心意気がある限り、やり続ける」と決めているんです。

アップルパイとアメリカンベーキングとの縁がつながったのは、アメリカ留学中でした。帰国後は何をして暮らしを立てていこうかと、ずっと頭を悩ませていました。漠然と「翻訳や通訳の仕事かな」と考えていたけれど、バイリンガルの人とは差がありすぎるし、果たして私の英語が使いものになるかどうか。おそらく英語を仕事にして自立するのは難しいだろう。

親しくなったコネチカット州立大学の英文学のアナ・チャーターズ教授にそんな話をしていたら、「日本でアメリカンケーキは、まだ知られていないでしょう。ケーキ作りを習得して帰ったら？　ただし、アメリカンケーキではインパクトがないから、伝統的なニューイングランドのケーキと称するといいんじゃないかしら」とアドバイスされました。

「それ、それ、それよ！」と。そのメッセージは稲妻のような鋭さと猛スピードで腑に落ちて、頭から離れなくなりました。

とはいっても、ケーキ作りが好きなわけではありません。冷静に考えれば、ケーキで身を立てるなんて、まったくの想定外。ケーキを食べることは好きでも、生業にすることは次元が違う話です。それでも、「やってみはったら！」と自分を励ます心の声が聞こえてきて。

シナリオどおりに進まない人生もおもしろいですね。というより、もともと人生とは、シナリオどおりに進まないものなのだから、想定外の縁に添いながら、おもしろがって生きていくしかないと感じました。

私のケーキ修業の始まりです。押しかけるように弟子入りした3人の先生から、三者三様のレッスンを受けました。ローリー先生、プリューデンス先生、そして、3番目に出会ったシャロル先生からは9か月間の集中授業でアメリカンベーキングの基礎をみっちりと学びました。

私は決して器用なほうではないけれど、地道に繰り返すことで技術を身につけました。コツコツ続けていると、あるとき、できなかった技ができるようになっています。ずぶの素人からのスタートでしたが、9か月後はそれなりの達成感がありました。授業はそこで終わりではなく、シャロル先生と出会って25年以上経ちますが、その間もずっと、新しいレシピや技術などの教えを受けていて、生涯ずっと学び続けるつもりです。

その技術を今、生徒さんに伝えることが私の生業であり、小さな幸せです。「上手に焼けました」「ここが難しかったです」といった反応を聞くのもワクワクしますし、生徒さんから学ぶこともあります。のべ1000人以上の生徒さんがいますが、その中でふたり、月1回のレッスンを皆勤賞で通い続ける生徒さんがいます。かなり上達したふたりを見ていると、「継続は力なりという言葉はホンマやわ」と尊敬し、いい刺激を受けています。

歩くというより
小走りで移動、せっかちです！

なりゆきと直感まかせでも

アメリカ留学を終えて日本に戻った私は、早速、お菓子教室を開きました。場所は京都。母の台所です。実家の玄関先に掲げた小さな看板が目印。ただのレッスンでは話題にならないと、アメリカ開拓時代の衣装を着て金髪のかつらをかぶり、いわゆるコスプレをして、雰囲気も楽しめるスタイルにしました。最初の生徒さんは2、3人だったと思います。

ひょんなことから京都新聞にそのことを取材されると、たちまち問い合わせが殺到。ありがたいことに、あっという間に200人近い生徒さんが集まり、徐々に大きくなっていきました。

「こんなにおいしいケーキなら、お店をもたはったらいいのに」

なにげない生徒さんのひと言に、「そう？　そやね！」と、またしても私の「やってみはったら！」が即座に反応。すぐにお店のオープンを決心。思いがけない展開でしたが、「いつまでも母の台所を間借りしてはおられない。そろそろ解消せねば」という気持ちにも強く後押しされました。

ビジネスなんてまったく経験はありませんが、なりゆきと直感で京都の中心地に教室兼お店をオープン。ニューヨークの「ディーン＆デルーカ」が大好きだったので、借りたのは京都特有の町家でしたが、内装は白と黒、グレーを基調とした「ディーン＆デルーカ」風にリフォームしました。

そんな私の姿が、他人には後先を考えない行動に見えたのでしょう。「正気の沙汰やないで」「成功するはずないわ」と何度言われたことか。でも私は、「なんとかなるわ！」と自分を信じて突き進みました。

京都の店が軌道に乗り、その後、夢の東京進出に動き出しました。目黒のアパートで住まいと兼用の教室をスタート。駅前での地味なビラ配りも、成し遂げたいと思う信念のおかげか、ちっとも辛くありません。

その後、知り合いと一緒に赤坂で5坪のお店を共同経営したのも束の間、意見の食い違いで袂を分かつ日がやってきました。代官山の店を開いたのは、赤坂の店のあと。申し分のない魅力的な物件だったけれど、家賃も相応で、「身の丈にあってないかなぁ」。でもやっぱり、「やってみはったら！」です。一昼夜考え抜いて、「なんとかなるわ！」と借りることに。浅からぬ縁があったのでしょう、京都も東京も今でもその場所にお店があります。

いつも心に浮かぶのは
「やらへんと、わからへんわ」

成功や失敗という結果ではなく、挑戦したこと、やってみたことに意義を感じます。

私好みの黒×母好みのピンクで

東京にお店を出してからは、夜中に車を運転して京都と東京を行き来し、レッスンとお店の経営に明け暮れる日々でした。

必死に働いていた50代、私のユニフォームは黒と白。黒いポロシャツに白いパンツ。白いブラウスに黒いパンツ。黒×黒の日もありました。

黒と白は好きな色。人と会ったときにだらしない印象を与えないし、なにより、服の色を決めておけば、朝の身支度で、「今日は何を着ようか」と考えなくて済むので、時間の節約にもなるって思っていたんです。

それが夫と暮らすようになって、ピンクの服も着るようになりました。大きな変化でした。年齢を重ねると、明るい色が似合うようになるんですね。自分でも意外です。今の私にとってピンクは、小さな幸せを象徴するハッピーカラーなのかもしれません。

ピンクはもともと母が好きだった色で、母は淡いピンクの服をよく着ていました。紫も似合う、美しい女性でした。

黒×黒の私を見ると、「カラスみたいに黒い服ばっかり選ばないで、たまにはピンクも着てみはったらいいのに」とよく言っていましたけれど、その頃の私は、ピンクには一切目もくれず。そんな母も昨年に他界。今の私の姿を見たら、びっくりするかもしれませんね。

母の鏡台には、「ゲラン」の「ミツコ」という香水がいつも置いてありました。母の名前は光子《みつこ》。もともとは父からの贈りものだったらしく、それ以来、母の愛用の香りになったようです。母は香水をいただくことが多く、それが自分好みでない香りでも喜んでいました。「縁あって私のところにやってきたのだから」とうれしそうな母の姿に、当時は「私だったら、喜ばへんわ」と。歳を重ねた今思うのは、私とは違うけれど、あれは母なりの縁の結び方だったということです。

お嬢さま育ちの母は、とてもやさしい人でしたが、能動的に生きるタイプではなかったので、「母のような人生は送りたくない」という気持ちがずっと心の片隅にありました。離婚したあと、私の娘が、「育った環境から抜け出さなければ、世界がどれだけ広いか、知りようがない」と言っていましたが、本当にそうだなぁとしみじみ思います。

白×黒×ピンクの組み合わせもお気に入りです。華やかなトーンのピンクが好きです。

65歳を過ぎて明るい色のお洒落が楽しい！

右／母のピンクのカーディガンを形見分け。左／何年も前から愛用している黒の革ジャン。年中着ています。

普段着はジーンズが多いんですが、本来作業着なので、レッスンのときにははきません。

気張らずに、積極的に待つ

今の生活で気がかりなのは、ニューヨークでの住まいのこと。賃貸暮らしなので、私としてはアパートを買っておきたい。住むところを持てば安心だし、もっと自由になると思うのですが、夫には反対されています。

持ち家があると、家賃以外にも管理費や固定資産税などの支払いが生じるし、私たちは日本とアメリカを行き来する生活なので、不在中の管理も大変。それに住まいに縛りつけられているようで、彼にとっては不自由な状態なのだそうです。

「私は自分のアイデンティティとして住まいが欲しいわ」

「あなたのアイデンティティはちゃんと心の中にあるのだから、家はなくてもいいでしょう」

そんなふうに反論されます。かみ合わないから、今は無理に話を進めないで、契約更新まで待ってみようかなぁ。

住まいに限らず、夫婦の間には、無理して解決を急がなくてもいいことが結構あるんじゃないかと思います。

話し合っても、事態が動かない、解決しない。要するに、どうやっても縁が結べないとき。それはきっと「待ちましょう」という合図。そうした状況では、ゴリ押ししてもベストな結果は得られないと思うから、慌てないのが得策です。たとえ心の中では焦っていてもですわ。

アンテナを張りめぐらして、待つ。積極的に待つ。気張らずに、楽しみながら待つことができたら、それも小さな幸せです。

そして、好機がやってきたら、絶対に逃さない。そのタイミングが大事。ニューヨークの住まいに関しては、もしいい物件と出合ったら、彼が何と言おうと私は行動しようと思っています。

洋服を買うときにも似たようなことが起こりませんか。「これ、気に入った。でも、ちょっとお高いのよねぇ」と1日だけ待ってみようとその場を離れる。そして、翌日に売り場に行ったら、もう売れてしまっていること。つまりは、縁がなかったのですね。絶対欲しかったら、絶対手に入れていますから。次に素敵な洋服と出合う縁をワクワクしながら、気張らずに待ちましょう。「買っておけばよかった」なんて後悔は無用です。

ときには自己主張を引っ込めて

日本ではグレーヘアが大人気ですね。顔色が明るくなるし、どんな洋服にも合うし。お洒落なグレーヘアの日本人女性をたくさん見かけました。

私は髪の色にさしたる思い入れはないので、グレーヘアでもブラックヘアでも、どちらでも構わないのですが、夫は黒髪がお好み。日本人女性の黒髪は、外国人にはエキゾチックに映るようです。

ドラッグストアでヘアカラーを買ってきたら、彼が染めてくれます。美容院に行かなくて済むし、彼の仕事は丁寧だから仕上がりはばっちり。彼もうれしい、私もうれしい。これこそ小さな幸せです。

大学時代、ホームパーティに誘われて、

「あなたは何が食べたい？」

「みなさんと同じものでいいですよ」

と答えたら、「あなたに聞いているんだから、あなたの好きなものをはっきりおっしゃい」と言われたことがあります。

自分の好みをはっきり言うのはとてもいいこと、必要なこと。アメリカでは自己主張しないと生きていけないし、最悪の場合、命を落とすかもしれませんから。よくわかっていますが、それでもときどき、「みなさんと同じでいいわ」と、自己主張を引っ込めた返事をすることがあります。優柔不断なわけではなく、準備する人のことを慮《おもんぱか》る、日本人が昔からもつやさしい気遣いが好きなんです。

私が生まれ育った京都では、朝の決まりごとのひとつに、家の前の門掃きと打ち水があります。玄関、たたき、路地を箒《ほうき》できれいに掃き、それから手桶の水をまきます。清浄な精気が行き渡って、家人はもとより、お客さまにも気持ちよく出入りしてもらえます。

その際、自宅の前だけでなく、隣家との境界線を曖昧に超えたあたりまでやっておくのがたしなみです。お隣さんに対する気遣いであり、また、相手に礼をつくせた自分もうれしい。

アメリカで暮らしていても、そうした日本人らしい気遣いを忘れずに、小さな幸せをシェアするお福分けができたらいいな。

情熱と心意気さえあれば

娘ひとりに息子ひとり。そして、中学生と小学生の男女の孫が4人います。日本に帰ってきたら、みんなに会うのが楽しみです。

前の夫に、「あなたの仕事は子育てなんだから、しっかりやってくれ」と言われ、教育には相当熱心な母親でした。娘も息子も歯学部に合格して、子育てが終わったと感じたから、離婚に踏み切れたんだと思います。

アメリカの大学に留学するとき、子どもには私の気持ちを話しました。反対を押し切って渡米するのは、親子関係にわだかまりを残すような気がしたので。

すると、堅実でクールな息子に言われました。

「えっ、留学!?　費用はどれくらいかかるの？　800万円？　そんなお金、どこにあるの？　無駄なことはやめなさい。そんなお金があるのなら、僕に投資しなさい。そんな無謀な戦いはやめて」

「お金の使い方は人それぞれ。そのお金で10年間生活しようと、2年間で使い切ろうと、お母さんが幸せになれるのだったら、どっちも同じことでしょう」とまじめに説明したら、「それだけの決心があるなら、しょうがないね」と納得してくれました。

一方、しっかり者の娘の反応はまったく別のものでした。

「行ってらっしゃい、行ってらっしゃい。もし卒業できたら、快挙じゃない！　もしできたら、だけどね」

ニューヨークにお店を出すときも同じような反応でした。

息子の言葉は、「その根拠のない自信は、どこからきているの？」。

自信なんかありません。ただ、向き合う情熱と、変化を恐れずに挑戦する心意気があるだけです。

再婚についても、息子は「相手が幸せにしてくれると思ったら、大きな間違い。その人といるだけで幸せと思えるなら、それ以上、相手に望むな」と。加えて「学習してください、母上さま」とも言われました。

娘は「自分が選んだ答えが正解だと思って、楽しんで人生を歩んでね。今日あることが明日も必ずあるとは限らないから、今を大切にね」。

はい。縁あって親子になったふたりの言葉をかみしめて生きております。

元気の秘訣を聞いてみよう

60歳からは歳を数えないと決めています。

だから、「お若いですね」と言っていただくのは、あまりうれしくないんです。「それなりの歳なのに、見た目は若いですねって意味でしょう。それは褒め言葉ではないんだなぁ」と心の中でぶつぶつぶつ……。

それよりも、「お元気ですね。その秘訣は？」と聞かれると、大した秘訣はありませんが、「前向きに人生を歩んでいるんですね」と褒められた気がして、思わず笑顔に。

ここ数年、精神的にはどんどん若返っている感覚があって、充実してきています。もちろん、身体的な衰えはあり、体の老いは感じています。

たとえば玄関で靴を履くとき。今までは、ササッと両足ほぼ同時に靴が履けたのに、この頃は立ち止まって、片足ずつ履くようになりました。

お腹まわりの脂肪もついてきたから、健康のためには減らさなあかん。テレビ通販で買った器具を使って、せっせと腹筋運動に励んでいます。

お肌のお手入れは、「よくここまで何もしないな」とあきれるほど無頓着。疲れ果てて、化粧を落とさずに寝る日もあります。ただありがたいことに、生まれつき肌が丈夫でアレルギー体質でもないことに救われています。健康な体に生んでもらったおかげで、病気といえば高校のときに盲腸の手術をした程度。とはいえ、ケガは多く、外科的な入院は数回しました。

「お元気ですね。その秘訣は？」と聞かれたら、「睡眠です。どんなに忙しくても、昔から6、7時間は眠っています」というのが私の答え。

あるとき、ニューヨークのスキー場で出会った、かくしゃくとした80歳すぎのゲレンデパトロールのアメリカ人男性に聞いてみました。「お元気ですね。その秘訣は？」

「若い人に囲まれているからでしょう。若い人に交じって仕事をしていると、たくさんのエネルギーをもらいます」

絶対それは元気になるわ。私もレッスンで若い生徒さんと一緒にいると、ユニークな考え方、おもしろい情報、あふれ出る好奇心といった小さな幸せのシャワーを浴びて元気になりますから。元気な人は元気なことに縁深いので、秘訣を聞くだけでも元気になれる気がします。

Memorable photos

思い出の写真

1

娘と息子の子育て真っ最中だった30代。デザイナーの鳥居ユキさんの服が大好きでした。

2章

食卓は「健康」と「やすらぎ」を生み出してくれるから

日々の食事を大切にするようになったのは、再婚してから。必ず1日1種類のサラダを食べるなど健康的な食生活に変わりました。料理を作ったり、夫婦で食事を楽しんだりする時間は、私たちにやすらぎを与えてくれます。

食事の前にはケンカをしない

私たち夫婦には、「食事の前にはケンカをしない」というルールがあります。夫は穏やかでもの静かな男性ですが、時折、プイと機嫌が悪くなることがあるんです。「何か気に障ることを言ったかしら?」と考えてみても、私には不機嫌になった理由がまったくわかりません。だったら、触らぬ神に祟りなし。深追いはせず、距離を置くのがいちばんです。

そんな状態でも、食事の前には必ずリセット。食事の時間をとても大切に考えているので、仏頂面で食べるなんて論外です。夫は努力して気持ちを切り替えてくれます。おいしい食事をいただけば、ウツウツとした気分も吹っ飛んで、自然と笑顔になりますし。

彼と結婚という縁を結んだ理由はいくつもありますが、決め手になったのは、「きれいに食事をすること」でした。ナイフとフォーク、たまには箸も、エレガントに使います。所作が美しいうえに、食べ方も上品。また、大好物の魚をいただくときは、「あなた、日本人ですか?」と思うほど、器用に食べる。お皿の上には骨だけが標本のように残っています。

それから、どんなに空腹でも、私が席に着くまで待っていてくれます。「お先にいただきます」をしない人。私は、夫がなんやかんやで、なかなか食卓にこないと、「では、お先に」と食べてしまうときもあるんですが、そういうことが一切ない。外国人では珍しいですよね。その一つひとつが琴線に触れて、「いいかな、結婚しても」と一大決心を下しました！

父は食い道楽で、超一流の料亭やホテルの食事が好き。加えて、一膳飯屋という大衆食堂も好きで、よく連れて行ってくれました。「両方の味を食べておかないと、自分にとってのおいしい、まずいはわからへんよ」としょっちゅう話していました。世の中にはいろいろな人がいて、それぞれの価値観で生きている。世間の多様性を知ったうえで、自分なりの価値観や優先順位を見つけなさいと伝えたかったのでしょう。また、「残すのんは美《うつく》しない」「そんなに急いで食べんといてや」とも口にしていました。

父の気質は、私の中に受け継がれているんでしょうね。「食」を通じて、生き方や人を見る目を養ってくれていたんだと感謝しています。

1日に摂りたい健康食材14品目

80代後半の夫の両親は、アメリカとウクライナを行き来する生活です。アメリカと日本の両方で暮らす、私たちと同じようなライフスタイル。ウクライナでは、畑で趣味の土いじり、野菜作りを楽しみ、アメリカにいるときは、私たちの２ＬＤＫのアパートで一緒に暮らしています。同居は我が人生初体験。これも「やってみはったら！」の新しい学びですわ。

狭いアパートなので、私たち夫婦は、ときどき、趣味の釣りやスキーに出かけて、息が詰まらないように工夫します。ニューヨークでは、日本にいるときほど忙しくなく、システムエンジニアだった夫はすでにリタイアしているので、比較的自由に時間が使えるのです。

義母はとても料理上手な人で、１日のうち8時間近く台所にいて、おいしいウクライナ料理をせっせと作ってくれます。

義父母は健康管理にもかなり力を注いでいて、とくに「食」についてはさまざまな情報を積極的に仕入れ、着々と実践しています。ですから、「あなたたちも、これだけは食べて」とさまざまなアドバイスをしてくれます。「お母さんはあなたをとてもかわいいと思っているから、無理にでも野菜は食べろって言ってはるのよ」

「いやいや、僕だけでなく、君に対しても言っているんだよ」

というわけで、我が家では毎日、健康食材14品目を食べる習慣になりました。義父母は徹底的に守ってはります。私たちはそうもいかないので、そのなかから最低限7品を選んで食べるようにしています。

14品目の内訳は、①緑の野菜（ほうれん草、ケール）、②ブロッコリー、③アボカド、④しょうが、⑤豆類（ひよこ豆、いんげん豆、レンズ豆）、⑥きのこ（マッシュルーム）、⑦ナッツ類（くるみ、アーモンド）、⑧ギリシャヨーグルト、⑨牛肉、⑩サーモン、⑪さば、⑫刺身、⑬ダークチョコレート（できればカカオ85%のもの）、⑭緑茶。

また、私たちの場合、毎週水曜日は、食事の量をいつもの半分にして、太り過ぎ防止と体調の管理をしています。もちろん、夫は大好きなお酒もいつもの半分しか飲みません。もしかしたら、こっそり飲んでいるかも!?

再婚によって、思いがけず健康的な食生活との縁もつながりました。

茶懐石研究家の後藤加寿子さん

ニューヨークで暮らしていても、なんの不自由も感じないけれど、ときどき、本物の日本食が食べたくなります。そして、日本食のおいしさ、素晴らしさをしみじみと考えます。

そんなときに決まって思い出すのが、本格茶懐石と家庭料理の研究家、後藤加寿子さんのこと。彼女とは京都の小川小学校（現在は廃校）の同級生で、実家は同じ通り沿いに建っていました。もう60年以上のお付き合いになりましたね。

彼女は茶道の家元、武者小路千家に生まれ育ち、現在は日本食の献立について若い方々に伝え継ぐことにエネルギーを注いでいます。いつも、「和食とは、食卓で四季を感じ、旬を味わうこと」と話しています。

一汁三菜の献立を組み立てる際、「出汁は重要な役割を果たすのよ」と教えてもらいました。きちんとした出汁とわずかな調味料があれば、素材そのもののおいしさを引き出すことができるからです。

一度にたくさんの出汁を取ったら、それを1回使う分量ごとに小型の保存容器に分け入れて冷凍保存すると、その都度解凍すればいいだけだから、使い勝手がいいそうです。伝統を伝えるために、時代のニーズを取り入れて、少しずつ変えていくことをしてはるのは、さすがです。

また、発酵食品を取り入れて免疫力を高める。一膳で魚、野菜をバランスよく取り入れる。これも彼女のこだわり。

たまに会う機会があると、食事のことから始まって、お箸の正しい持ち方、靴の揃え方、日本の正しい暮らし方について、大いに話が盛り上がります。お箸が正しく使えれば、食事もおいしくいただけるし、姿勢も美しくなるわよね、と。会話の終わりは、「器で食べるというように、器も料理の一部なのよね」で締め括ることが多いでしょうか。

ニューヨークで暮らしているからこそ、日本食の理にかなった合理性をあらためて思い起こすことができるのです。そして、後藤さんの凛とした姿を思い出し、彼女のように、有言実行の人、信頼に足る人はいないから、「そろそろ会いたいわ」と思わせてくれます。後藤さんとの素敵な縁は、この先もずっと大切にしていきたいのです。

4種類のサラダの1品を必ず食べる

義母のおかげもあり、意識して野菜をたっぷり食べるようになりました。義母直伝は、「ビーツサラダ（p.51）」と「アスパラガスとアボカドのグリーンサラダ（p.54）」を作って、義父とともに毎日必ず食べています。「健康にいいから、あなたたちも食べなさい」と口癖のように言わはるので、仕方がないから食べるようになったというのが正直なところですが、どちらのサラダもおいしいんですよ。

鮮やかで濃い赤紫色のビーツは、ウクライナの郷土料理ボルシチに欠かせない野菜。ニューヨークでもごく普通に売られていますし、日本でも買いやすくなりましたよね。ゆでたビーツの缶詰もあります。生のビーツは皮つきのまま丸ごとゆでて、竹串がすんなり通るようになったら、それがゆで上がりの目安です。

私の十八番は、「玉ねぎとセロリのサラダ（p.50）」。出汁しょうゆとレモン汁の味つけで、かつお節をたっぷりかけるのがミソ。出汁しょうゆがなければ、普通のしょうゆやぽん酢じょうゆでも構いませんが、かつお節はあったほうが断然おいしい。夫も好きなメニューです。

「ワイルドライスと野菜のサラダ（p.55）」は、たまたまお惣菜として購入したものでしたが、口に合ったので、味つけをオリーブオイル、レモン汁、こしょうと自分流に工夫して、家でも作るようになりました。

4種類ともシンプルなので、毎日食べても飽きません。塩を使わず、レモン汁やバルサミコ酢でアクセントをつけるので、最初は薄味でもの足りなく感じるかもしれませんが、慣れてくると、すごくヘルシーでフレッシュな味わい。この4種類のサラダをローテーションして、1日1品必ず食べています。すっかり習慣になったので、食べないと忘れものをしたような、落ち着かない感じがします。不思議なものですね。

それにしても、義母はサラダ以外にも、毎日、何種類ものおかずを大量に作らはります。それはとても楽しそうに。「私たちはそんなに食べられないわ」と伝えても、義母のスタイルはずっと変わらず。無駄を出さない始末の心を大事にする京都人の私にしてみたら、びっくりするのですが、それもまた文化の違い。おもしろがったほうがトクですよね。

Recipe p.52

玉ねぎと セロリのサラダ

Onion and celery salad

ビーツサラダ

Beet salad

Recipe p.52

玉ねぎとセロリのサラダ

材料（2～3人分）
玉ねぎ…1個
セロリ…1本
A 出汁しょうゆ…小さじ3
　レモン汁…小さじ1
かつお節…適量

作り方
1 玉ねぎとセロリは薄切りにし、しばらく水に浸す。ザルにあげて水をきる。
2 器に盛り、Aをかけ、かつお節をのせる。

ビーツサラダ

材料（2～3人分）
ビーツ…2個
玉ねぎ…1個
市販のコルニッションピクルス
（小さいきゅうりのピクルス）…3本
にんじん…小1本
A オリーブオイル…大さじ2
　レモン汁…1/2個分
　こしょう…適量

作り方
1 ビーツとにんじんはゆでておく。すべての材料を7㎜角に切る。1㎝角だと大きくて食べにくくなるので、小さめに。
2 ボウルに1を入れ、Aで和える。冷蔵保存で2～3日はおいしく食べられる。

アスパラガスとアボカドのグリーンサラダ

材料（2～3人分）
アスパラガス…4～5本
アボカド…1個
葉野菜
- レタス…2～4枚
- グリーンカール…2～4枚
- ベビーリーフ…100g

セロリ…1/2本

A
- オリーブオイル…大さじ4
- バルサミコ酢…小さじ1～2
- マスタード…小さじ1
- こしょう…適量
- にんにくのすりおろし…2片分

作り方

1　葉野菜は洗ってよく水をきる。葉野菜の種類はお好みでOK。セロリは薄切りにする。
2　アスパラガスはさっとゆで、3～4等分に斜めに切る。
3　アボカドは薄く切る。角切りでもいい。
4　1の葉野菜は食べやすくちぎってセロリと混ぜ、器に盛る。2と3をのせ、Aをかける。

ワイルドライスと野菜のサラダ

材料（2～3人分）
ワイルドライス…1合分
にんじん…小1本
赤玉ねぎ…1/2個
黄パプリカ…1/2個

A
- 缶詰のとうもろこし…大さじ3
- 缶詰のグリーンピース…大さじ2
- 松の実…大さじ2
- くるみ…10個（半分に切る）

B
- オリーブオイル…大さじ3
- レモン汁…大さじ2
- こしょう…適量

作り方

1　ワイルドライスは分量の3～4倍のスープストック（あるいは水／分量外）で炊く。まとめて3合炊いておくと便利。残った分は冷凍で10日ほど保存可能。
2　ゆでたにんじん、赤玉ねぎ、黄パプリカは5㎜角に切る。
3　ボウルに1、2、Aを入れ、Bで和える。

Recipe p.53

アスパラガスと
アボカドの
グリーンサラダ

Asparagus and avocado green salad

Recipe p.53

ワイルドライスと野菜のサラダ

Wild rice and vegetable salad

レストランの味を台所で再現

忙しく働いていた50代は、台所で自分のために食事を作ることは、ほとんどありませんでした。そんな心と時間の余裕はなかったですね。近くの店でお弁当やおにぎりを買ってきたり、好物の蕎麦を食べに出かけたり。近所にひいきにしている蕎麦屋さんがあって、そこは小鉢の料理もおいしかったから、「家で真似して作りたいわ」と思ったけれど、実際には作りませんでした。

再婚してからは、レストランで食べて気に入った料理を、家で再現するようになりました。それがじつに楽しくて。小さな幸せを感じます。

夫は外で食べるより、食事は家でゆっくり味わってやすらぎたいタイプ。なので、「食」における私の状況はガラリと変わりました。「焼きはまぐり（p.62）」と「ポークカツレツのイタリアンソース（p.63）」は、義父母がウクライナからアメリカに戻ってきた日や、家族のお誕生日など、何か特別な行事のある日に、家族揃ってディナーに行くレストランの定番メニューです。

　コロナ禍でなかなか足を運べなくなったので、夫とふたりで試作に挑戦。手が込んでいるように見えますが、慣れたら簡単に調理でき、ほとんど失敗しませんから、ぜひ、やってみはったら！

「ムール貝のマリナラソース（p.59）」は、夫から教えてもらったレシピで、苦手だったムール貝が食べられるようになったメニュー。あるとき、フィッシュマーケットで彼がムール貝に手を伸ばしたので、

「私、あまり好きじゃないわ」

「そう？　ムール貝はマリナラソースに絡めたら抜群においしいよ」

と言って、その晩、早速作ってくれました。にんにくと白ワインは必須です。それから、カリカリのバゲットを用意して、ムール貝を食べ終えて残ったソースをすくって食べると、それはとてもおいしいこと。

「ムール貝が苦手だったなんて、信じられない」と思うほどで、ムール貝とのおいしい縁が生まれました。それからときどき作ってくれますし、私も作ります。彼はレストランより、家で作るほうがおいしいと言っていますが、それはきっと白ワインをたっぷり加えているからでしょうね。

作ってみはったら！

家のごはんは
幸福なやすらぎの源です

とても小さな台所ですが、義父母、夫、私と、それぞれが好きな料理を作って、食事の時間を楽しんでいます。

ムール貝のマリナラソース

マリナラソースとは、トマト、にんにく、オレガノやバジルなどで作るトマトベースのソースのこと。

Recipe p.60

ムール貝のマリナラソース

材料（3～4人分）
ムール貝…30個ほど
玉ねぎ…1個
にんにく…7片
オリーブオイル…適量
白ワイン…70～100㎖
市販のマリナラソース…1瓶（680g）
こしょう…適量
お好みでパセリ…少々

作り方
1 ムール貝はきれいに洗い、足糸を引き抜く。
2 玉ねぎとにんにくはみじん切りにする。
3 フライパンにオリーブオイルを熱し、玉ねぎをよく炒める。にんにくを加えて香りが立ってきたら、1、白ワインを加え、フタをして貝の口が開くまで蒸す。
4 市販のマリナラソース、こしょうを加え、ひと煮立ちさせる。
5 お好みでパセリのみじん切りをふる。残ったソースはスライスしたバゲットにつけて食べるとレストランの味！

焼きはまぐり

材料（2～3人分）
はまぐり…12個
A
パン粉…15g
パルメザンチーズ…大さじ3
にんにくのすりおろし…5片分
オリーブオイル…適量
パセリのみじん切り…大さじ1～2

作り方
1 はまぐりはきれいに洗って口を開き、耐熱皿に並べる。
2 ボウルにAを入れてよく混ぜ合わせ、オリーブオイル、パセリのみじん切りも加える。
3 1のはまぐりの上に、2を小さじ1～2のせ、オリーブオイルをざっくりふる。
4 200℃で予熱したオーブンに3を入れ、表面がこんがりするまで7～10分焼く。焼き時間は、はまぐりの大きさにもよる。

ポークカツレツのイタリアンソース

材料（2人分）

豚肉（フィレでもロースでもOK）…2枚
小麦粉…適量
卵…1個
パン粉…40〜45g
揚げ油…適量

イタリアンソース
硬いトマト（ローマトマトなど）…2個
赤玉ねぎ…1個
A
レモン汁…1個分
エキストラバージン
オリーブオイル…大さじ3
バルサミコ酢…小さじ2

パセリのみじん切り…大さじ1〜2
こしょう…適量

作り方

1　豚肉は軽くたたいて厚さ5㎜ほどにし、小麦粉、溶いた卵、パン粉の順に衣をつける。

2　160℃に熱した油できつね色に揚げる。

3　トマトと赤玉ねぎは5㎜角に切ってボウルに入れ、Aを加えてよく混ぜ、冷蔵室で味をなじませる。

4　2にパセリのみじん切りとこしょうをふり、食べやすく切る。3をのせて食べる。

新鮮なはまぐりが手に入ったら、ぜひお試しあれ。お酒のおつまみにもなります。

Recipe p.60

焼きはまぐり

ポークカツレツのイタリアンソース

簡単に作れるのに、レストランと同じ味わいなので、おもてなしにも向きますよ。

Recipe p.61

Memorable photos

思い出の写真

2

1歳半の私を抱く母。

ステテコ姿の父と5歳の私。

5歳下の弟は、今でも
京都に暮らしています。

子どもの頃から15年ほど
日本舞踊を習って、名取の
お免状もいただきました。

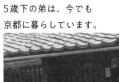

3章

私の「好き」は私を「元気」にしてくれるから

縁がつながるのは人だけではありません。眼鏡や靴、ニューヨークとの縁も、私にたくさんの元気を与えてくれます。また、夫のおかげで、スキー場の美しい銀世界、釣り場の穏やかな海といった雄大な自然との縁も生まれました。

ときめきを感じるサングラスを選ぶ

私を象徴する好きなものといえば、眼鏡です。近視用の眼鏡とは若い頃からの付き合いだから、もう50年以上かけていて、自分の一部って感じですね。友だちに、「1週間、毎日眼鏡を取りかえたら、お洒落に見えるわよ」と言われ、アクセサリー感覚でかけるようになりました。

サングラスも好きで、度数入りをいくつか持っています。眼球の毛細血管が弱いこともあって、家の中にいるとき以外、年中一緒。日本では、同世代の女性のサングラス姿はあまり見かけない気がします。「どれが似合うかわからない」と迷う方が多いと聞きますが、似合うか似合わないかより、気に入ったものを探せばいいと思います。憧れの女優さんの真似をして、選ぶのもいいですね。私の場合、欲しいものが2つあって悩んだときだけ、店員さんにアドバイスしてもらいます。鏡に映った姿を見て、「これ、好きやわ」とときめいたら、それは縁あるものとめぐり合った証拠。ちなみに私は、他人からどう見えるか、気にしたことはあまりありません。

かけて
みはったら！

洋服だけでなく、気分に合わせて選ぶのも楽しいですよ。

お気に入りは、スクエアに近い形で、紫外線カット機能があるカラーレンズです。

私のお洒落は靴にあり

母方の祖母は、「お洒落は頭と足元からよ」というのが口癖でした。

その祖母の母親、つまり私の曾祖母は武士の妻で、祖母は自分の母親から、「ご主人さまが起きる前にはしっかり身支度をして、正座して待っていなさい」と教育を受けたそうです。もうずいぶんと昔の話です。

祖母は毎日のように美容院に通っていました。足元に対しても厳しく、私も「履物はきれいにしておきなさい」とたしなめられた記憶があります。

そんな祖母の影響を受けたのか、靴が大好きです。頭に関しては、洗った髪をドライヤーで乾かすのも面倒に感じるほど無頓着なのですが、靴だけは明らかに別格。

私好みのデザインで、黒や茶などのシックな色から華やかな赤や黄色まで、ハイヒール、パンプス、サンダル、ブーツなどがシューズボックスにずらりと並んでいます。100足以上は持っていると思います。

ちょうど彼と出会った頃は、文字どおり、ニューヨークのマンハッタンを走り回っていましたから、履きやすさを重視して、それまで試したことのないスニーカーに挑戦し始めた時期でした。当時、日本に帰ってきた際、いとこから、「走っても足が痛くならないパンプスが売られているわよ」と教えてもらって、デパートに買いに行ったこともありましたが、すでに発売中止になっていたのは残念でした。

最初、スニーカーは、「どこで買う？」「どれを買う？」とかなり迷って、各メーカーの各タイプを試し履きしていました。そのうちに、「スニーカーもほかの靴と同じでいいじゃない」と思うようになって、履きやすさはもちろんですが、洋服に合うエレガントなデザインで、赤や黄色、黒など好みの色のものをまとめて買うようになりました。

ハイヒールをあまり履かなくなったので「捨ててしまったほうがさっぱりするかしら」とも考えましたが、思い出もあるし、年1回は履くことがあるし。やっぱり捨てることはできなくて、縁切りできません。

ものにはあまり執着しませんが、私を元気にしてくれる靴と眼鏡だけは別。「この靴を履いて、どこに行こう」と想像するだけでワクワクと気持ちが盛り上がるなんて、安上がりのファッションですね。

新しい靴を履くと
新しい場所に行きたくなる！

右／私の靴のほんの一部です。私たち夫婦の身長差は約30㎝なので、たまにはヒールを履いて差を縮めています。上／もちろん夫もスニーカー愛用者。左／最近はフランスの老舗ブランド「パトリック」のスニーカーがお気に入り。

60年ぶりの挑戦、スキー

季節の移ろいのある場所が好きなので、アメリカでの暮らしは、比較的四季がはっきりしている東海岸を選びました。季節は冬が一番好きですから、東海岸の凍てつくような厳しい寒さも平気です。

再婚してから、あちこちスキーに出かけるようになりました。小学生の頃、父に連れられて2、3回滑った記憶があるのですが、あまり興味をもてず、その後はまったく滑りに行きませんでした。

そんな私が60年後に再びスキーに挑戦です。

夫はウクライナでの大学時代はアイスホッケーの選手、社会人時代はクロスカントリーをしていたとかで、誰に習うこともなく、自己流でスイスイ滑れるようになったそうです。

私は、スキークラスに何回か入り、高いレッスン料を払って指導を受けたものの、夫から、「お金と時間の無駄。ゲレンデがお手本だよ」と言われてからはクラスをやめて、上手なスキーヤーの後ろについて、見よう見真似で滑ってみました。ゲレンデで「上手だなぁ」と思うスキーヤーは、緩斜面でも急斜面でも同じスピードで、無理のない美しいフォームです。

探究心を駆使してコツをつかんだら、今度は夫の後を追いかけて滑ります。そのうちに、無意識に体が反応して、どこでも滑れるようになりました。

大自然に抱かれて、何も考えずに滑っていると、爽快感でいっぱいになります。日常の煩わしさから解放されて、いいリフレッシュになります。それから、日常生活にはないあのスピード感と、滑れば滑るほど上達するのを実感できる達成感も好きですね。

アメリカの有名なスキー場にはほとんど行きましたが、ニセコのスキー場と富良野のスキー場の雪質は世界一。水分含有が極端に少ないパウダースノーは、まるで片栗粉のようでじつに素晴らしい。

冬、アメリカにいると、「早く日本に戻ってスキーを楽しみたいな」とソワソワしてきます。もはやスキーは生活の一部。最近はスキーを楽しむために働いているような気さえしています。

いやはや、こんなにも元気になれる趣味が、今頃になって見つかるなんて思ってもみませんでした。やらへんと、わからへんわ。

一面に広がる銀世界
心が躍ります

ゴーグルの下には、度数入りのサングラスをかけます。眼が雪に反射した紫外線にさらされると大変ですから。

滑ってみはったら！

スピード狂ではないので、ゲレンデでは、マイペースで優雅に滑るのが理想です。

釣り、人生初体験！

再婚してから、スキーともうひとつ、新しい趣味が増えました。それは魚釣り。「趣味がたくさんあること」＝「いいこと」だとは決して思いませんが、スキーも釣りも、やればやるほど奥深い世界であると知りました。釣りを始めて、かれこれ4、5年。

私にとって、釣りといえば作家の開高健さんです。思い出すのは、追悼番組のワンシーン。確かスコットランドでの釣りの風景で、ダンディーな英国風スタイルに身をつつみ、釣れた魚を海に戻すとき、まるで大切な子どもに話しかけるように、「もう少し賢くなりや、釣られないようになぁ」とやさしく声をかけていました。素敵でしたね。

釣りには早朝から出かけるので、早起きの私たちにはぴったり。

釣り場はさまざまで、ニューヨークのロングアイランドの中洲で釣ることが多く、最初は中洲の先端で釣っていても、1時間もすると徐々に水が増して後方に移動しなくてはなりません。干潮と満潮がよくわかります。

場所が決まったら、餌をフックにつけて、ひたすら待ちます。

始めた当初、魚の種類によって食いつき方が違うことには驚きました。岸で釣る鯛は豪快に食いつき、引き上げようとすると懸命に抵抗しますが、真っ直ぐに寄せることができます。ヒラメの食いつき方はまったく別で、やんわりだから、引くタイミングが難しい。そして、かなり寄せてきてから、暴れ出します。キングフィッシュという魚は、食いつきは鯛と同じですが、引くときは左右にもがき逃げようとします。こんなふうですから、自分に引き寄せる際に、何が釣れたのか判断できます。さまざまな縁を手繰り寄せるときと似ているような気がします。

釣りは自分との対話であり、魚との対話。また、釣れる日もあれば、釣果ゼロの日もある。自然がいかに尊いものか肌で感じる貴重な時間で、ある種の哲学。あっという間に3～4時間経っていることには驚きます。ただ、日焼けが半端でないので、夏は「沖縄ガール!?」に変身です。

夫は釣れた魚を自分でさばき、お刺身にして食べるのが楽しみ。魚に感謝の気持ちを込めて、「ありがとう」と言って食べます。その姿を見ている私は、なんとも至福の境地です。釣りも、やらへんと、わからへんわ。

料理上手な夫は、魚をさばくのもうまいんです。アパートの狭い台所でも、手際よく作業していきます。

フィッシュケーキ

フィッシュケーキ

材料（2〜3人分）

白身魚（切り身など）…350g
玉ねぎ…大1/2個
A
細ねぎのみじん切り…2〜3本分
パセリのみじん切り…大さじ1
卵…1個
サワークリーム…大さじ2
マヨネーズ…大さじ2
市販のオールドベイシーズニング
（魚介類用ミックススパイス）…小さじ3
こしょう…適量
細かいパン粉…40〜45g
オリーブオイル…適量

作り方

1　白身魚は炒めて冷ます。玉ねぎはみじん切りにして炒めて冷ます。
2　ボウルに1を入れて混ぜ、Aを加えてよく混ぜる。
3　2を大さじ2ほど手にとり、空気を抜きながら小さな円形に整え、細かいパン粉を両面にまぶしつける。
4　フライパンにオリーブオイルを熱して、きつね色になるまで両面を焼く。平野流タルタルソースやぽん酢をかけて食べる。

平野流タルタルソース

材料（作りやすい分量）

A
玉ねぎ…1/2個
セロリ…1/3本
市販のコルニッションピクルス
（小さいきゅうりのピクルス）…2本
細ねぎ…2本
B
マスタード…小さじ1
わさび…小さじ1/2
マヨネーズ…大さじ1 1/2
サワークリーム…大さじ1
レモン汁…小さじ2
こしょう…適量

作り方

Aはみじん切りにし、Bとよく混ぜ合わせる。Bの分量は好みで調節して。

爽快感が加速する車とドライブ

20年余りの結婚生活を解消し、その後20年ほど独身生活を送っていた私は、再婚なんて夢にも思っていなかったので、ひとりで生きていく方程式をずっと考えていました。同世代のオピニオンリーダーで社会学者の上野千鶴子さんの名著『おひとりさまの老後』（文春文庫）を隅から隅まで、何度読み返したことか。

当時はとにかく仕事に没頭。でも、自分の時間も楽しみたい。「仕事以外で好きなことは何？」と自問自答し、すぐに頭に浮かんだのが車とドライブでした。好きを超えた「趣味」かもしれません。

1952年に「軽乗用車運転免許」が新設され、私が学生の頃には、16歳からの取得が可能でした。父にすすめられて、大喜びで免許を取りに教習所へ通いました。その頃から車の運転は楽しくて仕方なかったんです。

東京と京都のレッスンには、車内にたくさんの荷物を積み込んで、何年間も片道8時間の道のりを往復していました。根っから好きなんでしょうね、長時間の運転もまったく苦になりませんでした。むしろ、いい気晴らしになっていたと思います。街を颯爽と走り抜けて行く爽快感が好きで、長時間乗れば乗るほどその心地よさは加速して、日頃の疲れも吹っ飛びました。

当時の愛車はフォルクスワーゲンのセダン。グリーンとシルバーの2台を乗り継ぎました。ただし、いくら好きでも、私にとって車は人や荷物を運ぶ道具。カーテンやシートカバーをつけるなどの内装にはまったく興味はなく、道具としてとことん使いこなしていました。

今もアメリカでは運転しています。日本よりもアメリカの道路のほうがずっと運転しやすいんです。道も広いし、表示もわかりやすい。ただ、アメリカのトラックは大きいから、巻き込まれそうな感じがちょっと怖い。

マンハッタンに住んでいる人には、車は必要ないんです。スニーカーを履いて歩くか、自転車、あるいは地下鉄で十分ですが、私たちのように郊外の住人にとって、車は生活必需品ですね。スキーや釣りに出かける際の長距離の移動は、ほとんど夫が運転してくれますが、たまには私も交代して。いつまで運転できるかはわかりませんが、車に乗ったときの、「どこでも好きな場所に行ける」という高揚感は手放したくありません。

アイラブ ニューヨーク

ニューヨークは特別な街。京都も東京も好きですが、私がいちばん自分らしく本音でいられるのは、ニューヨークじゃないかと思います。かつてのニューヨークのキャンペーンのように、心からI Love New York。

また、ニューヨークは合理的な街づくりをしていて、とくにマンハッタンは「ストリート（横）」と「アベニュー（縦）」の碁盤目の形です。故郷の京都も「東西の通り（横）」と「南北の通り（縦）」の碁盤目の形につくられているので、ニューヨークには親しみを覚えます。

京都と東京に店舗を開いて以来、「いつかはニューヨークにお店を出したい」という夢がずっとあって、代官山のお店の名前を「MATSUNOSUKE N.Y.」としたのも、そんな気持ちの表れでした。60歳を過ぎて、日本での仕事が軌道にのったこともあり、やっと夢への第一歩を踏み出しました。

ある日、マンハッタンの8ストリートを西に歩いていくと、小さな間口のお店の前に「rent（貸店舗）」の看板。番地を見ると58。「これは縁がある」

と直感しました。8ストリートで番地が58。日本人の私には、末広がりのものすごく縁起のいい番号です。ここだ！　ここにオープンしよう。

それからの準備がいかに大変になるかよく考えもせず、ただ夢を叶えることだけが頭にありました。「ホテル生活はやめて、ニューヨークでアパートを借りねば」とすぐ思うあたりは、ちょっと能天気だったでしょうか。

ニューヨークでお店をオープンするには、想像以上にタフな準備が必要でしたが、半年の間に次から次へとこなしていきました。よくまぁ、エネルギーがあったもんだと、今さらながらに感心します。彼との出会いがあったのはこの頃。日本に戻り、お金の工面に走り回って、全額を手にしたときは、さすがに全身震えました。それから、ニューヨークで銀行口座を開き、会社を設立。加えて、衛生管理者になる必要があったので、毎日3時間の授業を1週間受けた後に試験にのぞんで、無事合格。

オープンから撤退まで走り抜けました。今から考えると、とても充実した時間。軌道にのせられず悔しいですが、どこか吹っ切れていました。結果はさておき、ニューヨークで挑戦できてよかったです。

ファッションデザイナーの鳥居ユキさん

人に倣った生き方はすまい。「これからは自分の意思で生きる」と決心したのは40代後半。アメリカ留学中に中国人留学生の悲劇の死に遭遇し、大きな衝撃とともに、本当の辛い孤独を味わった結果の決意でした。

それでも、素敵な生き方をしている人から学ぶことは大切。自分の人生にスパイスとして加えたいと思うんです。

専業主婦だった30代から40代前半、日本を代表するファッションデザイナーの鳥居ユキさんの洋服が大好きでした。それには理由があって、何百色もある生糸の見本と、美しい能装束に囲まれて育った私にとって、彼女の生地の色や柄が能装束と似ている気がして、親近感を覚えていたからです。アメリカ留学中のファッションの関心は、ジーンズとTシャツ。その後は黒白ファッションの時代でしたが、60代になったあるとき、偶然、彼女のインタビュー記事を読んで、再び夢中になりました。

彼女曰く、「自分の着たい服を作り、それをお客さまが身につけて幸せな気持ちになってくだされば、デザイナー冥利に尽きる」と。共感するとともに、「やってみはったら！」と背中を押されたような気がして、身震いしました。加えて、非常に謙虚な方で、自分が恵まれていることに慢心せず、たゆまぬ努力を続けておられるところも素敵です。

40代で世間がわかり、50代はエネルギーが充実してバランスが取れ、また、孫が生まれ、60代、70代でなお新たな可能性を追求する前向きな生き方に強く心を打たれました。好奇心を道連れに、半世紀以上一度も休むことなくコレクションを発表するなんて、尊敬しかありません。

彼女を見ていると、年齢を重ねてもお洒落心を失わない素敵さ、過去を振り返ることなくひたすら前へ進み続けるたくましさに、大いなる励ましをいただきます。お母さまのブティックを引き継いでデザイナーとなることは恵まれているように思われますが、それを継続して守っていくのは大変な仕事だと思います。まさに私のお手本となる生き方なのです。

そして、鳥居さんご自身のファッションとサングラス姿も私の憧れ。彼女だったら、どんなふうにコーディネートされるのかしらって、楽しく妄想しながら、自己流お洒落を楽しんでいる70代の私です。

Memorable photos

思い出の写真

3

お嫁にきたばかりの
初々しい着物姿の母。

京都の奥座敷と呼ばれる
花脊《はなせ》でスキーに興じる父。

東京から嫁いだ母は、京
都のしきたりになかなか
慣れず、苦労も多かった
ようです。父と一緒に。

4章

人生を変えた「出会い」は大切にしていきたいから

さまざまな縁に導かれて、日本とウクライナの家族、恩師、アップルパイ、「ディーン&デルーカ」といった新たな出会いに恵まれた人生でした。生き方を変えるきっかけになったこれらの出会いは、ずっと大切にしていきます。

心の礎、京都人と東京人の家族

途中で転校した東コネチカット州立大学の最終試験をクリアして、いよいよ卒業です。2年3か月の学生生活もとうとう終わり。卒業式には、アカデミックガウンと角帽を着用するつもりでしたので、あれこれ考えて、子どものようにワクワクしていました。日本の家族に卒業の報告ができることは、とても誇らしかったです。

卒業式当日、修了証書を手にしたあと胸に込み上げてきたのは、「あ～、これで娘には快挙を成し遂げたと言えるし、息子からはよくやったって言われるんだろうな」という安心感と充足感でした。

留学中、大きな病気もせずに過ごせたのは、丈夫な体に生んでくれた両親のおかげ、ご先祖さまのおかげです。そんなことを考えながら、日本にいる家族のことを思い出していました。やはり家族というのは、心の礎。どんなに離れていても、確固たる存在です。

とくに娘は、私にとって最も信頼できる人間です。普段、人に相談することはほとんどありませんが、ごくたまに、「あなたはどう思う？」と意見を聞くのは娘だけです。父は若くして亡くなったので、もう少し話をしてみたかったですね。自由人でしたから、母は相当苦労したと思います。昨年他界した母は、どれだけの秘密をもってお墓に入ったことでしょう。

私が経営しているお店は、「松之助」というケーキショップらしからぬ名前です。それは京都の実家、能装束織元・平のやの2代目であった祖父の名前に由来します。祖父は私が生まれる前に亡くなったので、会ったことはないのですが、お墓参りの際には、「松之助の名前のおかげで繁盛しています。見守っていただき、ありがとうございます」と忘れずに感謝を伝えています。能という芸術は、人の世のはかなさと命の尊さを、引き算の美学で表現します。余計なものをそぎ落として成り立つ伝統芸能。アメリカンベーキングも材料を量って、混ぜて、焼くだけと、作り方はいたって簡単。無駄のない、簡素ともいえるレシピです。能とアメリカンベーキングは、「シンプルが基本」という点において、共通しているのかもしれません。不思議な縁を感じます。

非日常に連れ出してくれる映画

　これまでに何千本という映画を観てきました。今も毎日1本、必ず観ています。飛行機の中でも、映画を観ているか、眠っているかのどちらかです。20代の頃から夢中になって、映画のない人生は考えられません。

　映画の魅力は、非日常を体験できることです。主人公に感情移入して、自分とはまったく別の人生に寄り添ったり。反対に、境遇の似た主人公に自分の姿を重ね合わせて心を揺さぶられたり。また、社会派映画などでは、難しい政治的な事柄をわかりやすく知ることができます。過去が舞台の映画では、時代をタイムスリップして、当時の世相や文化などを垣間見ることができます。もちろん、ストーリーそのものや音楽、映画に込められた監督のメッセージに感動したり、女優さんのファッションを見るのが楽しみだったりすることもあります。とくに女優さんの眼鏡やサングラスのかけ方はかなり参考にしています。映画を観ることで、私の旺盛な好奇心はかなり満たされていると思います。

夫も映画好きですが、彼の場合、映画は英語の先生。同じ映画を20回近くも繰り返し観て文章をそっくりそのまま暗記し、英語を学んでいったそうです。ときどきものすごく洒落た言い回しをして、私が感動していると「これは映画の台詞だよ」と笑っています。

映画館に足を運ぶことはほとんどなくなりました。ニューヨークでも日本でも、自宅で夜ごはんを食べながら観始めて、食後はお酒をチビチビといただきながら、ラストシーンまで楽しみます。ホラーとアニメ以外なら、ジャンルにこだわりはありません。監督や俳優にもとくにこだわりなし。枠を決めずにいるほうが、想定外のいい作品と出合う確率が高いので、今日観る映画はなりゆきと直感で選びます。ただし、気分が落ち込んでいるときは、痛快なコメディーかアクション映画で気持ちを立て直します。

自分の人生で経験できることには限りがありますが、映画を通じて、時間も場所も超えた広い世界に旅立てるのは素敵なこと。架空の絵空事とわかっていても、あのとき、あの人は、あんな行動を取っていたな、と思い起こせば、それが、「やってみはったら！」のエールになって元気をもらえることもある。これからもたくさんの映画と出合っていきたいです。

憧れの「ディーン&デルーカ」

東京でのお店は、知り合いと共同経営した赤坂の5坪のスペースから始まりました。その店の近くに、ニューヨークで必ず立ち寄る大好きな「ディーン&デルーカ」の、日本での立ち上げの事務所がありました。今や日本で大人気の店舗ですが、もともとはニューヨークのソーホーで創業された食料品店。ニューヨークでも、ショップ空間から品揃えまですべてが都会的で、スタイリッシュな店として際立っていました。

彼らはアメリカンケーキのベンダー（供給元）を探していて、私のケーキを気に入ってくださり、「ぜひ私たちと一緒にお仕事しましょう」とうれしいオファーをいただきました。まるで夢のような素晴らしい縁がつながりました。

一方で、当時の私たちの店舗は5坪。赤坂という好立地でしたが、裏通りにあって日中でも人通りはまばら。ケーキの売り上げだけでは経営は成り立たず、教室のレッスンでかろうじて賃料や材料費をまかなえているギリギリの状態でした。給料はほとんど出ませんし、そのうちに経営方針の違いや意見の食い違いが頻繁に。また、せっかく「ディーン&デルーカ」から注文をいただいても、その狭い厨房では焼ける個数に限度があります。

そんなこともあり、自分だけの新しい店舗について真剣に考えるようになっていました。そして、「ディーン&デルーカ」とのめぐり合わせに、「やってみはったら!」と後押しされているような気がして、ついに代官山の新店舗への引っ越しを決めました。ですから、「ディーン&デルーカ」とは、代官山の店舗オープンとともにお付き合いが始まり、もう18年以上になります。「ディーン&デルーカ」で松之助のアップルパイやキャロットケーキを知ったという方も多いのです。本書の帯に素晴らしい推薦文を寄せてくださった横川正紀さんは、「ディーン&デルーカ」の経営母体であるウエルカムグループ代表で、初めてお会いしたのは、私が京都・西陣に松之助の姉妹店の「カフェ・ラインベック」をオープンしたときでした。わざわざお店まできてくださったことをよく覚えています。

人間万事塞翁が馬、Joy and sorrow are today and tomorrow。とにかくやってみないと、次にどんな縁がつながるかわからないものです。

師匠で親友、シャロル先生

料理研究家のシャロル・ジーン先生は、お菓子の先生であり、人生の先輩、生涯の師匠です。彼女と出会ったのは大学留学中で、アメリカンベーキングを習った3人目の先生でした。当時は大学の授業の合間になんとか時間をひねり出し、高速道路を車で片道1時間半、週平均2、3回、午前9時から午後6時まで、約9か月間、夢中でレッスンに通い続けました。

この仕事で暮らしを立てていく、という私の心構えを知っていたシャロル先生は、たくさんのレシピだけでなく、より魅力的にお菓子作りを教えるための間の取り方、会話の仕方など、デモンストレーションまで丁寧に教えてくれました。孤独を感じながらひとりで必死にがんばっていた分、彼女のやさしさが身に染みて、心底ありがたかったですね。

今の仕事があるのは、彼女のおかげ。押しかけるようにして訪ねて新しい道に挑戦し、縁を紡いで本当によかった。現在も年数回はシャロル先生にお会いして、新しいレシピを教わったり、近況報告をしたりしています。

3歳年上で、ものすごくエネルギッシュなシャロル先生。「姉妹みたいね」と言われるほど、背格好や雰囲気が似ている私たち。今ではよき親友でもあります。

アメリカのアップルパイを日本に

2015年11月、日本経済新聞の「NIKKEIプラス1」で、10月から3月の期間限定で発売している松之助の「ビッグアップルパイ」が、アップルパイランキング1位に選ばれました。この記事を読んだときは、ゾクゾクするほどうれしかった。今でもありがたいことだと感謝しています。

アップルパイは、アメリカではお母さんの味。アメリカンケーキの代名詞的な存在です。たとえるのは難しいけれど、日本の「肉じゃが」のような感じだと思ってください。

as American as apple piesという言葉があって、直訳すれば、「アップルパイみたいにアメリカン」。つまり、とてもアメリカ的、という意味。アメリカ人の生活に深く根差していることがよくわかる言葉です。

アメリカの歴史は、イギリスの迫害を逃れた清教徒が、ニューイングランド地方に移り住んだことから始まります。ニューイングランド地方とは、アメリカ北東部、ニューヨークの北に広がる6つの小さな州で、コネチカット州、メイン州、マサチューセッツ州、ニューハンプシャー州、ロードアイランド州、バーモント州のこと。アメリカ発祥の地です。

17世紀初頭、移住者たちは、農民として自然の中で生活を始めました。アメリカの北のはずれは、10月から4月まで、雪と氷に閉ざされます。また、森林が多い土地は農耕には向かず、移住者の半数以上が亡くなったと伝わっています。厳しい自然に向き合う毎日だったのですね。

当時、農民たちは1日の始まりにアップルパイを食べて、栄養補給していたそうです。りんごの樹はたくさん自生していたので、パイ生地でりんごを包んで焼くだけのアップルパイは重宝されており、生きるためのエネルギー源であり、癒やしでもありました。アメリカでアップルパイのレッスンを受けていた頃の私は、孤独と向き合っていた時期だったので、少々武骨なアメリカのアップルパイにどれだけ元気をもらったことでしょう。私にとっても、エネルギー源であり、たくさんの癒やしを与えてくれました。

おいしいアップルパイを焼けることは、よき花嫁の条件であり、今でも家庭の数だけアップルパイの味が無限にあります。こうした背景のストーリーも含めて、アップルパイが大好きです。

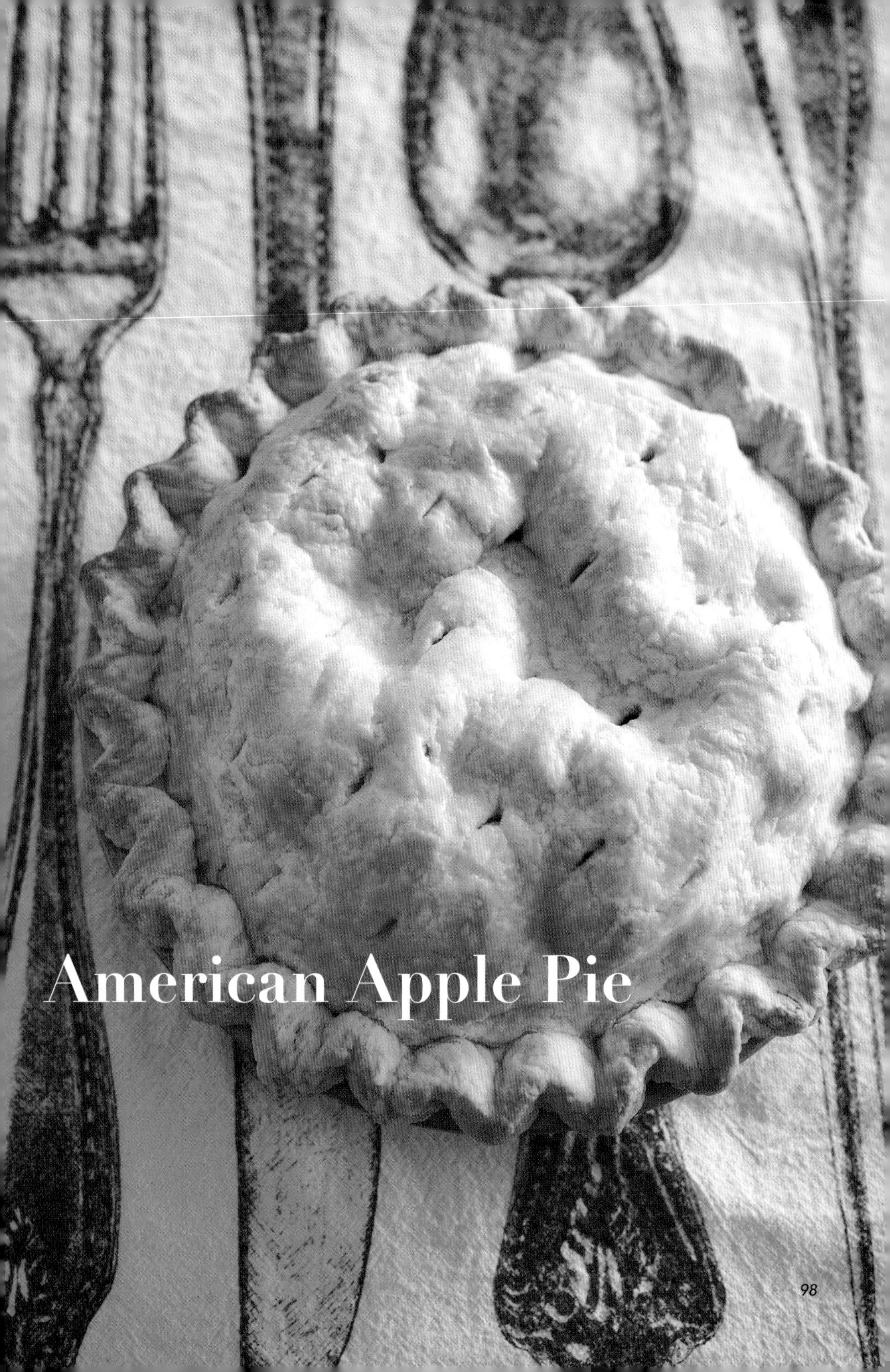

American Apple Pie

アメリカンアップルパイ

生のりんごを蒸し焼きにするのがアメリカンスタイル。焼き上がると、かさが減って上部に隙間ができるんです。

Recipe p.100

アメリカンアップルパイ

材料（直径24cmのパイ型1台分）

生地

A
- 薄力粉…280g
- グラニュー糖…大さじ2
- 塩…小さじ1/4

バター（食塩不使用）…80g
ショートニング（冷蔵）…100g
冷水…100g

フィリング

りんご…正味850g
（紅玉で5個～7個）

B
- グラニュー糖…65g
- ブラウンシュガー…大さじ2
- 薄力粉…大さじ2
- シナモンパウダー…小さじ1/2
- ナツメグパウダー…小さじ1/4

仕上げ

バター（食塩不使用）…15g

つや出し

卵…適量

American Apple Pie

◎下準備

・生地用のバター80gはチーズおろし器でおろし（またはナイフで細かく切る）、ラップにふんわりと包んで、パリパリになるまで冷凍する。

・仕上げ用のバター15gは1.5㎝大の角切りにし、ラップに包んで冷蔵する。

◎作り方

生地

1　ボウルに合わせてふるったAを入れ、冷たいショートニングを加える。スケッパーで切るようにしながら、まんべんなく混ぜ合わせる。

2　パリパリに冷凍したバターを加え、切るようにしながら、バターが5㎜角になるまで粉類に混ぜ合わせる。

3　冷水を一度に加え、大きめのフォークで生地を練らないように混ぜ合わせる。

4　カードをボウルの底から中心に向けて動かし、生地をひとまとめにする。

5　生地を2等分し、ラップでぴったりと包む。手で押さえながらあんぱんほどの大きさに整えて、冷蔵庫で30分〜1時間休ませる。

フィリング

6　りんごは厚さ2〜3㎜のくし形切りにし、Bを絡めて、水分が出るまで10分ほど置く。

仕上げ

7　5の生地を2つとも直径27〜30㎝、厚さ4〜5㎜の円形に伸ばす。

8　1枚を型に敷き、その上にふんわりと6のフィリングを入れ、水分も残さず回し入れる。その上に冷蔵したバターを散らす。

9　もう一枚のパイ生地をかぶせ、端を成形し（写真a）、表面に溶いた卵を塗り、空気穴を15個ほどあける（写真b）。

10　200℃に予熱したオーブンで15分ほど焼き、180℃に下げてさらに30分ほど焼く。中心部に竹串を刺し、スムーズに通れば完成。

a

b

オープンアップルパイ

Recipe p.104

パイ型がなくても焼けるから気軽でしょう。生地はサクサクに焼き上がります。

Open Apple Pie

オープンアップルパイ

材料（直径15㎝のパイ2個分）

牛地

A
薄力粉…125g
グラニュー糖…大さじ1
塩…ひとつまみ
バター（食塩不使用）…70g
冷水…45g

フィリング

りんご…正味250g
（紅玉で1個半〜2個）
B
グラニュー糖…30g
シナモンパウダー…小さじ1/2
レーズン…15g

仕上げ

バター（食塩不使用）…15g
グラニュー糖…適量

◎下準備
・生地用のバター70gは1.5㎝大の角切りにし、ラップにふんわりと包んで、しっかり冷凍する。
・仕上げ用のバター15gは1.5㎝大の角切りにし、ラップに包んで冷蔵する。

◎作り方
生地
1　ボウルに合わせてふるったAを入れ、しっかり冷凍したバターを加える。指先でバターを潰しながら、粉になじむように手早く合わせる。ときどき手のひらですり混ぜる。
2　冷水を一度に加え、大きめのフォークで生地を練らないように混ぜ合わせる。まず、フォークをボウルの底に当て、生地を持ち上げながら10〜15回混ぜ合わせる。次にフォークの背で、円を描くように5〜6回混ぜる。最後にカードでボウルの縁の生地も取りながら、ひとつにまとめる。
3　生地を2等分し、ラップでぴったりと包む。手で押さえながら丸く整えて、冷蔵庫で30分〜1時間休ませる。

フィリング
4　りんごは厚さ4〜5㎜のくし形切りにし、Bを絡めて、水分が出るまで15〜20分ほど置く。

仕上げ
5　打ち粉（分量外）をした台に3の生地をのせ、直径18〜20㎝、厚さ2〜3㎜の円形に伸ばす。このとき、台に生地がくっつかないよう、打ち粉を足したり、生地をこまめに動かしたりすること。
6　生地の中央に4のフィリングを水分ごとのせて広げ、冷蔵したバターを散らす。
7　生地の端を2〜3㎝ぐるりと中に折り込み、その上にグラニュー糖をふる。
8　190℃に予熱したオーブンで25分ほど焼く。

Open Apple Pie

スタッフはかけがえのない財産

京都・高倉御池と東京・代官山に、アップルパイとアメリカンベーキングの専門店を営んでいます。京都では店内で、東京ではお店のすぐ近くのマンションの一室で、お菓子教室「平野顕子ベーキングサロン」も開校。また、京都・西陣には松之助姉妹店のパンケーキハウスもあります。

再婚するまでは、とにかく「売り上げを伸ばさなあかん」と、数字ばかりを追いかけていました。ところが、夫との暮らしで日々の生活に小さな幸せや喜びがあることに気づいて以来、「会社の財産は人だ」と思うようになりました。利益はもちろん大切ですが、数値化できないスタッフこそがかけがえのない財産。日本とニューヨークを行ったり来たりする暮らしが続けられるのも、スタッフがしっかりお店と教室を守っているからなのですね。詰めの甘いところがある私は、スタッフに助けてもらわないとやっていけませんから、みんなの存在があってこその松之助。お互いに協力し合って、これからもずっと松之助の味を紡いでいきます。

私の右腕、お菓子教室の講師の三並知子さん（右）とアシスタントの多田奈穂子さん。

東京・代官山店のスタッフたちは、心が温かくて接客上手。とても頼りにしています。

新しいウクライナの家族

ウクライナの大学を卒業して、社会人を経験したあと、夫はアメリカにやってきました。25年前の話です。ちょうどその頃、私は大学とシャロル先生のお菓子教室で必死に勉強していました。

私は、彼がウクライナ出身と聞いても、「ウクライナって、どこにあるんでしたっけ？」とよくわかりませんでした。

ウクライナは東ヨーロッパの一国で、首都はキエフ。古代からさまざまな民族による支配を受けてきたので混血を生むようになり、世界一美人が多い国としても有名だそう。女性の平均身長は165〜170cmと大柄で、男性も女性もめっぽうお酒が強く、ケンカをすると凄みがあります。生きていれば、学ぶことがいろいろあるもんやわ。

そういえば、ウクライナでの前の結婚で生まれた彼のひとり娘は、身長174cmと長身で、まるでモデルのように美人でスタイル抜群。今はニューヨークのIT企業で働いており、ウクライナでは歯科医でした。私の子どもたちも歯科医なので、「奇遇やなぁ」と縁を感じました。

夫の父母は、今でもウクライナで半年を過ごします。なのに夫は帰りたいと思ったことはないそうです。私としては、一度は訪れてみたいところですが、「つまらないから、行かなくていい」とかたくなです。

義父母は料理上手で、実直な人たち。性格がよく、尊敬できるところがたくさんあるので、同居生活での煩わしい点もストレスにならず、うまくかわすことができています。そんな義父母とめぐり合えて、「これは、もう、棚ぼたやったなぁ」と幸運を喜び、感謝するばかり。夫の弟家族もアメリカで生活しているので、ときには全員で集まってファミリータイムを楽しみます。私以外との会話は、ウクライナ語です。もちろん何を話しているのか理解できませんが、信じられる人たちですから、安心して居心地のいい時間が過ごせます。新しい家族づくりは、ほどよい距離感とお互いに干渉しないことが成功の秘訣。自分は自分、他人は他人と、我を押しつけずに過ごせたらお互いに疲れないと思います。知りもしなかった国の人たちと出会い、知りもしなかった人と家族になって、人生に思いもよらぬ豊かな彩りが加わりました。縁とはじつに不思議なものですわ。

上／ニューヨークの市書記事務局に結婚の手続きに出かけた日です。左／夫の娘は、現在ニューヨーク在住。ときどき一緒に食事をして、近況を報告し合っています。

ニュージャージーの郊外にある義弟の家で、義父母も一緒にランチを楽しみました。

ひと回り以上年下の夫ですが、年齢差はあまり感じません。身長差は30㎝近くもあるんですよ。

Memorable photos

思い出の写真

4

右／母方の祖母。いつも身ぎれいにしている女性でした。左／母方の祖父。大学の歯学部教授で当時のエリートでした。

母方の祖父は大学教授であり、東京・田園調布の自宅では歯科医院を開業していました。

5章

2度目の結婚がうまくいく理由

「縁は異なもの味なもの」ということわざにもあるように、男女は予測がつかない不思議な縁で結ばれています。私たちもそう！　山あり谷ありの夫婦生活ですが、私の人生に寄り添ってくれる夫には心から感謝しています。

一歩ずつ、進んでいけばいい

夫と出会った当初は単なる友だちで、男性としてまったく意識はしていませんでした。もちろん、ほかに恋人がいるはずもなく、欲しいとも思っておらず、ひたすら仕事に打ち込む日々。

メールアドレスを交換していたので、時間があるときに、お互いの家族のこと、大学生活の思い出などをやり取りしていました。

「あなたをひと言で表現したら、どんな人?」

「貧乏と痛みとかゆみには、相当の忍耐力がある」

「……」

おもしろい表現しはる人やなぁと思いましたが、私は貧乏には耐えられへんわ。抗生物質は一切使用しないそうで、ケガをしても、ウォッカを傷口に塗っておしまいだとか。話を聞けば聞くほど、私の知らない世界の住人やなぁと。でも、悪口や批判をしない偽りのない人だったので、交流を続けていくうちに、少しずつ魅かれていくようになりました。

半年ほど経って、初デートです。場所はマンハッタンのハドソン川沿いにあるリバーサイドパーク。ここはトム・ハンクスとメグ・ライアンが主演したロマンティックコメディ映画『You've Got Mail（ユー・ガット・メール）』のラストシーンでふたりが待ち合わせ、結ばれた公園。

この映画は見ず知らずの男女がメールのやり取りを通じてひかれ合っていくストーリーで、はずかしながら私たちの姿を重ね合わせ、何度も観ていました。年甲斐もなく、「ドラマティックやなぁ」と少女のように胸がときめいていました。

そうして交際が始まりましたが、一方で、ほどなくニューヨークのお店を閉じることになりました。店舗経営というひとつのドアが閉まったから、今度は彼との交際という、もうひとつのドアが開いたのでしょう。「ふたつのことは同時には手に入らないのだな。それが人生のけじめというものだ」と。彼との関係はどうなるか未知数でしたが、一歩ずつ、丁寧に、縁に添って生きていけば、きっといいことが起きると信じて進んでいきました。この先は自分ではコントロールできない神の領域ですから、結果についてはあれこれ考えないと決めていました。

違いを認めて受け入れる

結婚した理由はたくさんあります。

気分が悪くなって嘔吐したとき、彼は私の汚物を両手で受けてくれました。「弱みをさらけ出しても大丈夫な人がいる」と感激しました。

否定するところが少ないことにも感心します。「一緒にいて楽しさが増す人やなぁ」と単純にうれしくなりました。

ほかにもいろいろあるのですが、私にとっての再婚は、「自分とまったく異なる環境で育った人が近くにいるのは、どんなものだろう」という、他人との違いをどこまで認め、受け入れ、楽しむことができるかといった、ある種のチャレンジでもありました。彼と再婚して幸せになりたい、というより、新しい世界に飛び込んでいく感覚です。

私は次から次へと目標を定め、前へ前へと計画を進める性格で、ほとんど余暇を過ごすことはなく、人生を走り続けることしかできません。彼といえば、地に足をつけて、悠々と今日を楽しく生きたい人。そんな正反対の彼との生活は、まったく知らなかった世界を見せてくれる、かけがえのない転機となりました。

彼は石橋をたたいても渡らない人です。その姿を見て、私も「たまには立ち止まって考えないといけない」と。心の中で、「こうあるべき」と強く思いすぎて、自縄自縛におちいった状況から解き放たれるような感じがしました。今から思えばですが、離婚して以来、「がんばらなあかん」と、ものすごいプレッシャーを自分にかけていたような気がします。

もちろん、毎日の生活は、煩わしいことが山積みです。とくに違いがあり過ぎるふたりですから、落ち込んだり、腹が立ったりすることもたくさんありますけれど、ひとりで生きようが、ふたりで生きようが、大変なことがあるのが人生だと思っています。

ですから、トラブルが起きたら、それ以上悪化しないように、本を読んだり、早々に就寝したりと夫との距離を置き、次の日まで持ち越さないようにしています。相談して決めたわけではないのですが、いつまでも嫌な気分は引きずらず、翌朝の「おはよう」のあいさつは気持ちよく交わすこと、それはお互いの暗黙のルールになっています。

年齢はただの数字にすぎない

ずいぶんと長い間、彼も私も、お互いの年齢を知りませんでした。そもそも、「あなた、いくつですか」って聞いて、付き合わないですし。私は小柄な東洋人だから、年齢より若く見られがちというのはあります。かなりあとになって知りましたが、彼は私よりひと回り以上年下で、びっくりしました。

「年齢はジャストナンバー。ただの数字にすぎないでしょう。それよりは、相性のほうが大事」と言われて、私もまったく同感です。結婚生活で年齢差を感じることはほとんどありません。

私は60歳からは歳を数えないと決めていますが、それは60歳になる頃、人生はシナリオどおりに進まないものだと痛感し、「何歳で何をしよう」とあらかじめ計画を立ててもあまり意味がないと思ったからです。年齢はただの数字。だったら、これからは年齢を数えないで生きていこう。そのかわり、日々の暮らしを大切に味わいながら、丁寧に年齢を重ねていこうとは考えています。

そのあたりについては夫と共通の認識なので、彼の口から「いい年をして」「自分の年齢を考えて」なんて言葉を投げかけられたことはありませんし、私も言いません。

年齢という枠にとらわれて生きていくのは窮屈です。やりたいことは何歳からでもできるし、トライする価値は十分あると信じています。歳を取れば取るほど、残り時間は少なくなるのだから、今まで以上に「やってみはったら！」の精神を発揮したほうが楽しいはずです。

60代後半での再婚に踏み切るまでは、それなりに迷いもありましたが、それは「もう年だから」「年齢差があるから」という理由ではありません。彼とうまいこと暮らしていけるのかという根本を考えていたからです。

精神面はともかく、肉体的には着実に老化していきますから、そこは受け入れるべきだと思います。食事や運動、睡眠に気を配ったり、定期健診を受けたりするのも必要ですし、衰えてきた自分から目をそらさずに、認めることも大事。肉体の老化はナチュラルな現象なので、必要以上に恐れることはないと感じています。

人には添ってみる、の深い意味

最初の結婚の際、母が「人には添ってみよ」と話していましたが、他人の人生に添ってみるとは、相手に従うことではなく、その人の辛さや苦しみ、悲しみをちゃんと感じ、受け止めてあげることなんだと、今さらながら、気がつきました。それは格別な夫の気遣いに触れたからです。

病気知らずの私ですが、これまでに2回、突然、倒れたことがあります。

1回目はアメリカ留学を終えて帰国し、お菓子教室でのレッスンを始めたばかりの頃でした。救急車で病院に運ばれ、前方に倒れたせいであごの骨が折れたので、1か月近く入院しました。

後にも先にも、レッスンをドタキャンしたのは、その日だけ。

それから20年近く経った3年前、クイーンズのアパートの台所で、再び、意識がなくなりました。「ドーン」というものすごい音がしたらしく、夫が慌てて様子を見にきたら、床の上に横たわっていたそうです。すぐに意識は戻りましたが、私は何が起きたかわからずに混乱した状態。見つけた彼もかなりショックを受けていました。

外出先ではなく、家の中だったのは不幸中の幸いでしたが、頭に大きなこぶができて、しばらくの間、結構痛かったんですよ。

日本に戻ると、必ずかかりつけの病院で健康診断を受けます。その検査ではとくに治療が必要な病気は見つからず、ホッとしますが、倒れて以来、どこに行くにも夫は同伴してくれます。ボディガードですね。車での送り迎えもしてくれる専属運転手でもあります。エスカレーターでは、下りのときは彼が前、上りのときは彼が後ろに立って、万が一に備えたサポート態勢も万全。私のことを気遣って、そこまで寄り添ってくれるのです。

年齢を重ねてからの結婚は、これでもか、というほどいたわり合わないといけないんだなぁ、としみじみ。そして、与えられた愛情を、照れずに素直に受け取れる、けれんみのない自分でいないとあきまへん。だからといって、相手が常に助けてくれると期待してはいけない。

いい距離感を保つことは、やっぱり大事です。そうでないと、妙な執着心が出てきて、相手を従わせたくなる。70代になった今、母の言葉の深い意味を考えています。

今度の結婚はまっとうしたい

セカンドベストという言葉があって、1回目の失敗を糧にするから、2回目の結婚はうまくいくという意味ですが、最初の結婚をまっとうできれば、それに越したことはないと思います。私の場合、1回目の失敗というより、人生経験を積んだ後の2回目の結婚、その意味でセカンドベスト。

ニューヨークで結婚するには、まず市役所の市書記事務局で、結婚許可証をもらいます。その後、24時間経ってから、60日以内に再び出向いてその場所で結婚式を行い、結婚証明書をもらうという段取りです。24時間経ってから、というのは、「もう一度冷静になって考えてください」という、内省をうながす意味もあるのでしょうね。

結婚証明書をもらいに行く当日、私たちはスーツ姿の正装で、朝一番に出かけました。受付番号はナンバー1。「幸先がいいじゃない！」と心が弾みました。結婚式を挙げるといっても、司式者の資格をもつ人の前で結婚を誓い合うだけ。時間にして5分程度。それでおしまい。

結婚の始まりは、それくらい簡素でいいと思います。子どもたちの結婚についても、「あなたが相手を見て、決心して、結婚するのだから、失敗しても、あなたの責任。ご自由に」というスタンスで、盛大な結婚式を挙げて欲しいとは少しも思いませんでした。子どもたち自身も同じ考えで、娘はバリでふたりきり、息子はハワイで親族のみの結婚式でした。

始まりはシンプルでも、そこから先、奥が深いのが結婚です。50年近く結婚している義父母を見ていると、「結婚をまっとうしないと見えてこないことが、たくさんあるんだろうな」と感じます。赤の他人同士が一緒に暮らすのだから、楽あれば苦ありでしょうけれど、乗り越えた先に、確かな揺るぎない絆みたいな宝物が生まれるのでしょう。

仕事でも、地道に繰り返すことで、身につく技ってありますよね。毎日、同じことを続けるからこそ、獲得できる技術がある。単調な作業だと逃げ出さないで、そこに価値を見いだすと、日々の営みが楽しくなる。

きっと、結婚も同じです。「意見が合わなかったら、別れたらいいやん」とは思いません。「努力してみはったら。やらへんと、わからへんわよ」と私が言っても説得力はないけれど、つくづくそう思います。

今日を生きる、が今の心境

この年齢になると、たくさんのものは要らなくなりました。それはやっぱり、「死」が近くなっていることを、無意識のうちに感じているからかもしれません。

この頃は、死について、だいぶ考えるようになりましたが、やっぱりまだ、素通りしていますね。昨年、94歳で母が亡くなり、その年齢までは生きられたらいいかなとは思います。

私の場合、死についてあれこれ思いをめぐらすより、死ぬ瞬間まで、豊かに生きていくことを考えたいんです。

ものが気持ちを豊かにしてくれるときもあります。たとえば眼鏡や靴。

そういう物質的な豊かさが元気の源になる一方で、目に見えないものに幸せを感じることがありますね、60歳を過ぎてからは。

身近にある、ささやかなことに喜びを感じるようになったし、それが本来の幸せの形なんじゃないかしら、とさえ思うようになりました。

40代、50代は、そんな考えは一切なかったです。

ひとりで生きているときは、自分の身は自分で守らなきゃいけないから、まずはお金が必要だとか、ものすごく現実的な思考回路でした。もちろん、今でもお金は大事です。ある程度のお金は絶対に必要でしょう。きれいごとは言いません。

とはいえ、彼と知り合ってからは、たとえば釣りをして、海を眺めているその瞬間だけでも、十分幸せになれることを知りました。そういう感性が芽生えたのは、彼のおかげ。お金にはかえられない幸福です。

私、もう夢はないんです。すべての夢が叶ったわけではないですよ。夢を見なくなったんです。

今は一日一日が大事です。今日を生きる、が今の心境。

毎日を豊かに暮らすにはどうすればいいか、豊かに暮らすとはどういうことかと考えて、日々の小さな幸せや喜びを見つけて楽しむようになったから、夢を見なくても生きていけます。

夫とは、残りの人生をわかち合いながら実りのある時間を過ごし、この先もずっと一緒に年齢を重ねていきたいと心から願っています。

おわりに

人生の転機を走り続けている現在。
70代に入り、少し立ち止まる時間ができました。
組織に属したこともなく、何の後ろ楯もない普通の主婦だった私が、
今、京都と東京で店舗を経営しているのは、さまざまな出会い、ご縁のおかげです。
かけがえない人との出会いのみならず、アップルパイとアメリカンベーキング、
素晴らしい場所、雄大な自然との出合いもあります。
人の世のめぐり合わせの不思議を感じずにはいられません。

出会った方々には、心に残る珠玉の言葉をかけていただきました。
もう一度、その言葉をじっくりと味わいながら
前に進んでいきたいと思う、今日この頃です。

私が日本で何をして生きていけばいいのかアドバイスをしてくださった、
コネチカット州立大学の英文学の教授の言葉。
「限界は自分で感じるほどはないものよ。
人間の可能性は、いくつになっても絶えることはないわよ」
最初にアップルパイを習ったベーカリーのオーナーの言葉。
「趣味や楽しみでケーキを作るのはいいけれど、

それを仕事にするのは結構辛いことがあるわよ」

「高いレベルで努力している友人がいると、
価値判断の基準にもなるし、長くご無沙汰していても関係が途切れず、
元気にしてはる？　のひと言だけで、自然に思いが通じ合うものよ」
これは60年以上の付き合いのある友人の言葉。

私はなんて幸運に恵まれていたのでしょう。
めぐり合った方々にあらためて感謝する次第です。

最後になりましたが、この本の出版にあたり、
主婦と生活社の深山里映さん、編集・ライターの本村のり子さん、
デザインの川添藍さん、写真家のベン・ホンと宮濱祐美子さん、
ヘアメイクの木村智華子さん、松之助のスタッフたちに、
お礼と感謝の気持ちを伝えたいと思います。
そして、夫、娘と息子にも、心からありがとう。
今後も目の前にある現実を歩み続けていきたいと思います。

平野顕子

平野顕子 AKIKO HIRANO

京都の能装束織元「平のや」に生まれる。47歳でアメリカ・コネチカット州立大学に留学。17世紀から伝わるアメリカ・ニューイングランド地方の伝統的なお菓子作りを学ぶ。帰国後、京都・高倉御池に「Café&Pantry松之助」、東京・代官山に「MATSUNOSUKE N.Y.」と、アップルパイとアメリカンベーキングの専門店をオープン。また、京都と東京に、お菓子教室「平野顕子ベーキングサロン」も開校。2010年、京都・西陣にパンケーキハウス「カフェ・ラインベック」をオープン。著書に『アメリカンスタイルのアップルパイ・バイブル』（河出書房新社）など多数。

●松之助　https://matsunosukepie.com
●平野顕子インスタグラム　hiranoakiko214

STAFF

企画・編集　本村のり子
デザイン　川添 藍

写真　宮濱祐美子
p.23、p.31、p.50、p.51、p.54、
p.55、p.67（上２枚）、p.71、p.78（下）、
p.98 ～ p.104、p.107、p.111、
カバー裏、カバー袖

Ben Hon @StuffBenEats
p.19、p.26 ～ p.27、p.30、p.58、
p.59、p.62、p.63、p.67（下）、p.70、
p.110（上右１枚）、カバー表

校閲　小川かつ子
ヘアメイク　木村智華子
編集担当　深山里映

SPECIAL THANKS　横川正紀
Kayoko Ogawa

「松之助」オーナー・平野顕子の
やってみはったら！
60歳からのサードライフ

著者　平野顕子
編集人　新井 晋
発行人　倉次辰男
発行所　株式会社主婦と生活社
〒104-8357　東京都中央区京橋 3-5-7
編集部　tel. 03-3563-5136
販売部　tel. 03-3563-5121
生産部　tel. 03-3563-5125
https://www.shufu.co.jp
製版所　東京カラーフォト・プロセス株式会社
印刷所　共同印刷株式会社
製本所　共同製本株式会社

ISBN978-4-391-15684-3